DES FRAUDES COMMERCIALES.

(Extrait de la *Revue de législation et de jurisprudence,*
tome XVIII.)

PARIS. — IMPRIMERIE DE COSSON, RUE SAINT-GERMAIN-DES-PRÉS, 9.

COURS

DE

LÉGISLATION INDUSTRIELLE.

Cinquième année — 1843—1844.

Première leçon — 22 novembre 1843.

DES FRAUDES COMMERCIALES.

PARIS,

AU BUREAU DE LA REVUE DE LÉGISLATION ET DE JURISPRUDENCE,

21, RUE BERGÈRE.

—

1843.

1844

Les questions d'organisation industrielle sont à l'ordre du jour ; elles ont constamment formé la matière de notre enseignement. Vous savez qu'également éloigné d'une immobilité routinière et d'un empirisme aventureux, je me suis toujours attaché à montrer dans les diverses dispositions de nos lois les nombreux anneaux de l'organisation industrielle de la France. Cette tâche, je me propose de la poursuivre, en vous demandant de me continuer votre bienveillante attention.

Le travail libre est le principe fondamental de l'industrie moderne, il forme la base sur laquelle repose l'ensemble des dispositions législatives destinées à régir la production dès richesses. Étudier ces dispositions, en apprécier la nature et les résultats, rechercher les lacunes qu'elles laissent subsister encore, tel est l'objet de notre cours ; ce simple énoncé suffit pour montrer toute l'étendue de la tâche qui nous est imposée.

Un système économique nouveau nous régit, il s'agit d'en régulariser l'action. Les doctrines de fraternité et d'égalité s'étaient emparées des esprits sous l'empire des idées chrétiennes, la révolution les a fait pénétrer dans nos lois, dans notre

constitution sociale. Le travail a obtenu une formule nouvelle, comme les autres droits de l'humanité; la liberté de
l'industrie a été proclamée en même temps que la liberté de la
pensée.

Cette glorieuse et féconde conquête a marqué le retour aux
lois naturelles, dont l'ancienne société restreignait l'application
par des règlemens abusifs, par des prohibitions odieuses, par des
priviléges spoliateurs. Cependant, nous entendons chaque jour
des accusations sévères dirigées contre une œuvre si péniblement
élaborée et saluée de tant d'espérances. Il semblerait qu'un
aveugle entraînement nous ait fait substituer l'anarchie à un
ordre admirable, la licence à l'allure régulière du travail, et
que l'amélioration du sort de tous, ce legs sacré de la révolution, ait dégénéré en une source d'oppression et de misère.

Certes, ces plaintes sont entachées d'une singulière exagé-
ration, et cependant nous avons à peine le courage de les condamner, tant le sentiment qui les dicte est noble et généreux.
Le spectacle du dénûment qui pèse sur tant de travailleurs
saisit l'esprit en attristant l'âme, et fait sévèrement juger un
ordre de choses qu'on rend responsable des souffrances des
classes laborieuses.

Ce n'est pas nous qui, pour obéir à un optimisme commode,
voudrons nier l'existence du mal, ni en contester la gravité.
Il reste beaucoup à faire pour assurer l'avenir du plus grand
nombre et pour répandre dans tous les rangs, sinon l'aisance,
du moins la légitime récompense du travail, la satisfaction des
besoins les plus impérieux de la nature matérielle et morale
de l'homme. Le but assigné à nos efforts, nous sommes loin de
l'atteindre; mais que les vœux formés pour un progrès nouveau ne nous rendent point injustes pour les progrès déjà accomplis. Toute misérable que nous apparaisse aujourd'hui la
condition d'une portion notable des classes ouvrières, elle vaut

mieux que leur condition passée; des preuves irrécusables nous l'attestent.

Si nous croyons important de constater cette vérité, ce serait travestir nos intentions que de nous imputer le désir de dégager ainsi en quelque sorte la sollicitude publique des devoirs que lui impose l'amélioration du sort des travailleurs. Une autre conviction nous domine; les progrès accomplis prouvent que nous sommes dans la bonne voie, que nous n'avons pas fait fausse route en donnant un libre essor au développement des facultés humaines. Les changemens à vue n'ont lieu qu'à l'Opéra; sur la scène du monde réel la marche du progrès est toujours lente et laborieuse; on peut l'accélérer par des mesures habiles, mais on essaierait vainement de la brusquer; aussi faut-il se mettre en garde contre une impatience, qu'explique d'ailleurs le sentiment du malaise social, car elle pourrait nous entraîner à de périlleuses expériences, et nous pousser à substituer un mécanisme artificiel au mécanisme naturel de la production des richesses.

L'expérience d'un régime nouveau s'accomplit depuis un demi-siècle; les idées des économistes ont passé du domaine de la théorie sur le terrain de l'application. A-t-on mieux travaillé jadis, a-t-on produit davantage et à meilleur compte? La situation des classes laborieuses a-t-elle été plus favorable, et la progression de la richesse sociale plus rapide?

Dans l'ordre logique des idées, telle est la première question que nous nous sommes adressée. Pour la résoudre, nous avons abordé un travail de longue haleine, dans l'accomplissement duquel votre bienveillante attention nous a soutenu pendant deux années. Nous avons scrupuleusement interrogé le passé, en étudiant l'histoire du développement successif de notre organisation industrielle. Qu'est-il résulté de ces investigations? La conviction profonde, et, nous oserons le dire, la certitude mathématique d'un état de misère et de souffrance, dont il est difficile de se faire une idée quand on n'est point descendu dans ces détails intimes de la vie des nations, que les historiens avaient trop négligés jusqu'ici.

Les institutions qui réglaient la marche du travail avant 1789, le système des corporations et le régime des règlemens ont conservé encore de nos jours quelques partisans ; ou, pour mieux dire, ce sont des hommes de la génération nouvelle qui se sont laissé séduire par les idées d'un arrangement régulier, systématique, dont ils ont cru trouver le modèle dans notre ancienne organisation industrielle. Le caractère véritable des corporations et des règlemens nous est apparu sous un autre jour ; ce prétendu régime de protection pour les classes laborieuses n'a été en réalité qu'un instrument d'exploitation entre les mains des maîtres vis-à-vis des compagnons et des apprentis, une arme d'oppression tournée contre les habitans des campagnes par les habitans des villes. Du moment où l'égalité a été proclamée entre tous les citoyens, les corporations perdaient leur raison d'être, elles devaient disparaître sans retour.

Peut-être les études auxquelles nous nous sommes livré laisseraient-elles quelque hésitation dans les esprits, à cause du caractère conjectural des travaux purement historiques. Cependant il est un moyen de vérifier les enseignemens du passé, de contrôler les résultats auxquels nous sommes parvenu. Les formes diverses sous lesquelles le travail s'est successivement manifesté chez nous tiennent à l'état des institutions qui appartiennent, à chaque époque, à l'état du développement social. Mais ces phases successives par lesquelles la France a passé, on les rencontre de nos jours chez d'autres nations, suivant le degré de développement auquel elles sont arrivées, suivant la forme de leur constitution et de leur gouvernement. Tout ce qui a été dans le temps se retrouve aujourd'hui dans l'espace , et l'observation peut nous guider pour vérifier les conclusions auxquelles nous a conduit l'étude des traditions historiques. Sans quitter l'Europe, il est facile de reconnaître toutes les formes de notre ancienne organisation industrielle et de les contempler à l'œuvre; on peut donc juger, non pas seulement en vertu d'une hypothèse, mais en vertu de faits actuels , palpables, pour ainsi dire , quels sont , pour le bien-être du plus grand nombre , les résultats du régime de la règlementation et ceux du régime de la liberté. Le parallèle est instructif; l'étude de l'organisation du travail dans les divers pays de l'Europe est le complément naturel de l'étude historique de notre législation industrielle. Pour aborder cette tâche, il faudrait sans doute d'autres forces que les nôtres ; mais le sentiment de nos devoirs nous soutiendra dans cette tentative.

Afin de bien apprécier les résultats de la victoire obtenue par le principe de la liberté industrielle, il faut avoir assisté au spectacle des misères produites par le régime des corporations. Ce régime affectait une double prétention, également vaine , à savoir : de garantir l'occupation suivie des travailleurs et de préserver les produits de la fraude. On voyait tantôt le travail manquer à l'ouvrier, et tantôt l'ouvrier manquer au travail , et la longue série des édits, ordonnances , arrêts du conseil et des parlemens , sentences et règlemens , tous destinés à prévenir l'abus des sophistications , les altérations des denrées et marchandises, suffit pour nous avertir de ne point ajouter une foi trop explicite à la peinture que l'on fait d'habitude de l'antique bonne foi de l'industrie et du commerce. Ce ne sont pas des contraventions légères ou accidentelles qu'on aurait été obligé de poursuivre avec cette rigueur persévérante; la sévérité des peines témoigne de la gravité des infractions.

Chose étrange! les mêmes plaintes, conçues presque dans les mêmes termes, se sont reproduites à toutes les époques, sous les régimes les plus divers. On flétrit aujourd'hui avec une indignation légitime les honteuses habitudes de notre commerce intérieur et de notre commerce d'exportation ; cette indignation, nous la partageons, nous croyons qu'il importe à la morale publique, à l'honneur national, à l'intérêt du pays, de mettre un terme à de scandaleuses spéculations qui nous font perdre nos débouchés et qui démoralisent l'atelier de la production. Mais accuser la liberté du travail d'être la cause unique du mal, mais prétendre qu'il faut la supprimer pour en détruire les effets directs, l'altération des produits, la mauvaise foi, l'abus de confiance, c'est déplacer la question et se méprendre étrangement sur la nature du remède. Le mal n'est pas dans la liberté, le remède n'est pas dans le règlement ; il s'agit ici, en effet, non d'une question de production, mais d'une question de police.

Consultons l'Encyclopédie, ce curieux recueil des idées du xviiiᵉ siècle, qui devait servir de piédestal à la révolution. Nous lisons à l'article *Jurandes* : « *La fraude naît des prohibitions et de la contrainte, elle est favorisée par les priviléges ; son frein le plus puissant est la concurrence,* qui ne permet d'aspirer au succès du commerce que par une réputation établie d'habileté, de probité et de bonne foi. Voulez-vous que les hommes soient justes et honnêtes, faites qu'ils aient intérêt à l'être (1). »

(1) Voici un autre passage plus étendu, extrait du même article, et qu'il nous semble intéressant de reproduire :

« La liberté générale du commerce et de l'industrie n'est que le retour au droit naturel dont l'exercice est restreint dans la société par des prohibitions et par des privilèges. On peut la considérer sous un double point de vue. Par rapport aux agens du commerce et de l'industrie, c'est la faculté de se livrer au genre de travail et de trafic qui convient à leur goût et à leurs talens, de

Le principe était nettement et habilement posé ; cependant écoutons les clameurs qui s'élèvent de toute part , aujourd'hui que la liberté existe , que la concurrence règne en souveraine.

Le commerce nous exploite et nous vole ; il fait pis , il nous empoisonne. On fraude sur la qualité , on fraude sur la mesure ; les sophistications , les adultérations deviennent la loi

le borner, de l'étendre, d'en changer à leur gré, d'en réunir plusieurs, ou analogues, ou contraires, d'exercer en un mot tel art ou tel négoce qu'il leur plaît, et comme il leur plaît, sans avoir d'autre loi que leur intérêt et sans que personne ait le privilége de les y troubler. Par rapport aux propriétaires et aux consommateurs, c'est le droit d'acheter et de vendre à leur gré, de faire usage des denrées et des marchandises qui leur conviennent, d'avoir le choix libre de ceux, dans quelque genre de travail que ce soit, qu'ils veulent employer et mettre en œuvre, sans qu'aucun règlement prohibitif puisse les empêcher de suivre leur volonté propre dans l'emploi des choses et des personnes.

» Suivant les économistes modernes, la première loi des sociétés politiques doit être d'assurer à tous les citoyens le plein et entier exercice de cette liberté, qui ne peut paraître dangereuse qu'aux yeux de l'ignorance et du préjugé. Elle tient essentiellement au droit de propriété dont elle est en même temps l'effet et la garantie. La puissance souveraine n'est elle-même établie que pour la maintenir, et le prétexte spécieux du bien public ne peut jamais autoriser d'y mettre des bornes. C'est le système de prohibitions qui a créé l'intérêt particulier, ou plutôt l'opposition qui paraît naître dans l'état actuel entre les divers intérêts particuliers et l'intérêt public n'est que l'ouvrage de l'exclusion et de la contrainte. Rétablissez l'ordre de la nature en rendant la liberté générale *et il n'y aura dans le commerce ni fraudes, ni contraventions, ni surventes ; le projet de nuire suppose l'intérêt et la possibilité de le faire*, qui ne peuvent se rencontrer dans l'état de libre concurrence. *Quelle est la source des fraudes et des manœuvres ? Ce sont les prohibitions et les priviléges*, qui livrent les consommateurs à la cupidité des ouvriers et des marchands. Tout privilége exclusif détruit plus ou moins la concurrence. Or, le monopole existe partout où la concurrence est détruite.

» Qu'un homme ait obtenu le privilége exclusif de me vendre telle marchandise, c'est lui de ce moment qui est l'arbitre du prix, il faut que je subisse sa loi. Qu'un règlement me force à employer le service et l'industrie de tel ouvrier, il me taxe à son gré, et je ne puis refuser le salaire qu'il exige. Rendez-moi ma liberté et le monopole cesse. Ce n'est pas moi qui deviens le maître du prix, c'est la concurrence qui l'assigne, c'est elle qui décide souverainement du prix auquel je dois acheter et de celui auquel on me doit vendre. »

commune; on altère le vin ; et le mélange de l'eau qu'on y introduit est le moindre des délits que l'on commette ; on vend, pour nous borner à quelques exemples, des étoffes de laine et de coton, de soie et de coton, comme des étoffes de laine ou de soie pure, des flambeaux de zinc pour des flambeaux de bronze, de la pierre pilée pour de la farine. Un bon marché apparent trompe l'acheteur, qui ne peut distinguer le vrai du faux. Il y a plus, les producteurs se trouvent poussés dans une mauvaise voie, ils sont contraints, pour ne pas être chassés du marché, de se rendre complices des méfaits qu'ils déplorent ; ils voudraient fabriquer loyalement et demeurer honnêtes, que la concurrence les force à devenir fripons.

La conclusion ordinaire de ces plaintes, dont nous ne pensons pas avoir affaibli l'expression, c'est qu'il faut remplacer la liberté de la production par un assujétissement sévère à des règles que l'autorité prescrirait. Nous tournons dans un cercle vicieux ; jadis on invoquait la concurrence pour mettre un terme à la fraude, aujourd'hui on invoque dans le même but le régime règlementaire.

Cette contradiction nous avertit de chercher ailleurs la solution d'un problème dont tout le monde comprend l'importance. Ce n'est pas en rétrogradant vers des institutions surannées et impuissantes que nous arriverons à faire régner la bonne foi dans les transactions, et nous sacrifierions ainsi à une chimérique espérance les avantages incontestables de la liberté, l'énergique impulsion donnée à la production des richesses par le développement des facultés humaines, ces bienfaits dont on fait aujourd'hui trop bon marché.

La fille de Necker, madame de Staël, a tracé, dans ses *Considérations sur la révolution française*, quelques lignes qu'il nous semble opportun de rappeler :

« C'est, dit-elle, à la suppression des maîtrises, des jurandes, de toutes les gênes imposées à l'industrie, qu'il faut attribuer l'accroissement des manufactures et l'esprit d'entreprise qui s'est montré de toute part. Une nation depuis long-temps attachée à la glèbe est sortie, pour ainsi dire, de dessous terre, et l'on s'étonne encore, malgré les fléaux de la discorde civile, de tout ce qu'il y a de talent, de richesses et d'émulation dans un pays qu'on délivre de la triple chaîne d'une Église intolérante, d'une noblesse féodale et d'une autorité royale sans limites. »

On ne saurait sérieusement proposer le retour au passé ; la liberté a poussé de trop profondes racines pour qu'elle risque quelque chose au contact de la réaction qui semble se produire ; et quand on oublierait même les vexations, les entraves, les exactions qui accompagnaient les anciens règlemens, le ridicule seul en ferait justice.

Mais si nous repoussons avec énergie toute tentative qui voudrait, en vertu des lois du progrès, nous reconduire au moyen âge ; si nous sommes le partisan convaincu de l'ordre industriel nouveau inauguré par la révolution, nous voulons autant que qui que ce soit mettre un terme aux fraudes commerciales, et c'est au nom de la liberté même, et sans porter atteinte à l'organisation actuelle du travail, que nous solliciterons les moyens propres à faire cesser un indigne brigandage.

Une confusion singulière a pu seule faire imputer au principe générateur de notre régime économique des méfaits dont il est parfaitement innocent. La liberté de la production se concilie à merveille avec des moyens de garantie et de contrôle qui assurent la loyauté et la régularité des transactions. Empêcher les marchands de voler ou d'empoisonner le consommateur, ce n'est pas violer la liberté du commerce ; tout au contraire, la liberté suppose la responsabilité, elle sollicite la répression des délits, aussi bien dans l'ordre industriel que dans l'ordre civil. La législation est insuffisante, incomplète, mais le cadre est prêt, il admettra facilement des mesures de répression et de prévoyance ; il ne s'agit que de le remplir.

Dire que la liberté de l'industrie, c'est la liberté de vendre à faux poids, de frauder la denrée et de jouir de l'impunité ; que le *laissez faire* et le *laissez passer* des économistes signifie : Laissez commettre le vol, laissez passer la fraude, c'est se livrer à un jeu d'esprit peu digne d'une discussion sérieuse ; sous prétexte de tracer le tableau des doctrines économiques, on en crayonne la caricature.

Tel n'est pas, tel n'a jamais été le système à l'élaboration duquel ont contribué les plus nobles intelligences, les cœurs les plus purs et les plus dévoués ; une négation ne constitue point la science de l'économie politique ; les dispositions nombreuses et variées de la législation industrielle protestent contre une interprétation aussi hasardée.

Sans doute, nos lois sont incomplètes et défectueuses ; mais, appelées à régir un ordre de choses nouveau, elles ne peuvent avoir prévu à l'avance toutes les complications de la pratique, elles suivent les faits sociaux, elles ne sauraient les devancer. Néanmoins elles consacrent le principe de toutes les mesures conseillées par l'expérience ; elles ont formulé déjà des dispositions qui protégent la régularité des transactions, il ne s'agit que d'étendre et de fortifier ce régime d'une surveillance sans contrainte, d'un contrôle sans oppression, qui attribue au pouvoir public la mission de garantir l'intérêt de la société, de concilier la pleine liberté du mouvement de l'industrie avec la probité, avec la sincérité dans la création des produits et dans le trafic des marchandises.

Il est des institutions fondamentales dont nous profitons sans nous apercevoir de l'immense changement qui s'est accompli depuis cinquante années. Vivre tous sous l'empire d'une même loi, n'avoir qu'une monnaie, se servir de poids et mesures uniformes, c'est là maintenant comme l'alphabet de l'existence sociale ; cela nous paraît tellement simple, tellement naturel, que nous touchons au moment où il sera difficile de comprendre que les choses aient pu jamais se passer d'une autre manière. Et cependant, que de vaines tentatives, que d'efforts inutiles n'a-t-on point dépensés, pendant des siècles, pour arriver à créer une langue commerciale uniforme, au moyen de l'unité des poids et mesures, et un dénominateur commun à toutes les valeurs, au moyen de la fixité et de l'uniformité du signe intermédiaire des échanges ; que de vœux stériles, depuis les temps les plus reculés, pour mettre un terme à cette infinie variété de mesures et de monnaies « qu'on voudrait, mais qu'on ne pourra jamais réduire à une seule ! » (Paroles d'un ancien chroniqueur.)

L'unité du système monétaire et du système des poids et mesures, qui devra lui-même être complété en certaines parties, notamment en ce qui touche le dévidage métrique des fils et la vente des liquides, appelle un complément utile dans l'exactitude des dénominations qui servent à désigner la nature des marchandises et dans une bonne loi sur les marques de fabrique qui permette de distinguer la qualité des produits au moyen d'une espèce de facture légale adhérente à l'objet vendu. Des mesures à part doivent empêcher les fraudes pratiquées dans l'exécution des travaux donnés à l'entreprise.

Il nous semble nécessaire de donner ici quelques explications préliminaires.

Ceux qui prétendent que l'on travaille aujourd'hui plus mal que l'on ne travaillait jadis commettent une erreur grossière ; le progrès a été immense dans toutes les branches de la fabrication, et chaque exposition des produits de l'industrie constate des progrès nouveaux.

Mais, direz-vous, l'on vend des étoffes légères, au lieu de ces étoffes inusables que nos ancêtres se transmettaient de génération en génération ; on s'attache plus à flatter les yeux, à donner aux produits une apparence séduisante, qu'à les doter d'une grande solidité. Les mélanges les plus variés ont lieu dans la composition des tissus, tout brille et rien ne dure.

Ce régime démocratique de la fabrication, nous sommes loin d'en contester l'existence, mais nous ajouterons qu'il ne saurait être condamné tant qu'il demeure dans les limites de la bonne foi et qu'il ne sert pas d'aliment à de frauduleuses spéculations. Que le fabricant varie ses produits, qu'il les mette à la portée de toutes les bourses, qu'il obéisse à la mobilité des goûts en sacrifiant un peu de cette lourde et massive solidité qui formait le cachet de l'ancienne production, qu'il marie avec art des matières premières de différentes espèces, pour joindre l'attrait du bon marché à celui du goût, nous ne voyons rien à reprendre dans un pareil procédé, pourvu que l'acheteur sache ce qu'il achète, pourvu qu'il ne soit pas subrepticement induit en erreur sur la nature et sur la qualité de l'objet qu'il désire se procurer. Ces tissus mélangés, ces étoffes légères dont on parle sans cesse, répondent à des besoins nombreux. Toute limite imposée, sous ce rapport, à l'activité industrielle, serait absurde et tyrannique : la fabrication doit conserver une allure pleinement libre, pour se plier aux exigences de la consommation.

Le vice principal des anciens règlemens était de poser une limite arbitraire à l'habileté des producteurs, et de faire peser un niveau oppressif sur les convenances et sur les désirs des acheteurs. Rien de pareil ne saurait être proposé de nos jours.

Chacun doit être libre de travailler comme il veut, et de produire ce qu'il veut, mais le consommateur de son côté doit être mis à couvert d'une erreur involontaire. Que l'on mêle du coton à la laine et à la soie, que l'on imite le bronze au moyen d'autres compositions métalliques, c'est parfaitement licite, pourvu que l'acheteur, qui se défie de ses connaissances, puisse lire dans une *marque* loyale et sincère la composition de l'article dont il fait l'acquisition. Quant aux substances alimentaires, qui intéressent la santé et la vie des citoyens, elles forment une classe à part et réclament d'autres mesures, plus sévères. Ici, la grandeur du péril que des altérations coupables feraient courir à la société commande une surveillance *préventive*, qui ne saurait s'appliquer aux produits ordinaires de la fabrication. La liberté complète, absolue, du travail, n'entraîne pas avec elle la faculté de commettre des délits ou des crimes, de frelater le vin avec de l'oxyde de plomb, d'empoisonner le pain avec du sulfate de cuivre, ou de fabriquer du thé vert avec du chromate de plomb. Tolérer de pareils excès, ce serait faire preuve, non de respect pour les principes, mais d'un stupide fétichisme pour une idole absurde, parée d'oripeaux d'emprunt, ce serait condamner la liberté industrielle à un coupable travestissement.

Quand on impute de pareilles folies aux fondateurs justement vénérés de la science économique, nous ne savons vraiment si les erreurs que l'on commet tiennent à la mauvaise foi ou à l'ignorance.

Les grands principes de la liberté industrielle sont originaires de France, aussi bien que les grands principes de la liberté commerciale. Forbonnais avait raison de le dire : « On doit s'applaudir de trouver dans nos vieux livres et dans nos anciennes ordonnances de quoi revendiquer la lumière, que nous pensions communément avoir été révélée aux Anglais et aux Hollandais avant nous. » Plus Forbonnais est remonté dans nos annales, et plus il a trouvé de traces d'opposition « à ces préjugés d'exclusif et de monopole dont on a fait, pendant si long-temps, des principes d'administration (1). »

L'émancipation des classes laborieuses, cette glorieuse devise de notre drapeau, qui fait reposer sur les destinées de la France les espérances du monde, l'émancipation des classes laborieuses retrouve ses titres de noblesse dans les travaux des économistes, amis ou élèves de Turgot, et dans les savantes investigations des physiocrates.

Ce fameux axiome du *laissez faire* et du *laissez passer*, dont on affecte de condamner ironiquement les tendances subversives, nous devons en revendiquer l'honneur pour Quesnay, qui sut donner une portée scientifique à l'inspiration instinctive d'un négociant nommé Legendre, lequel, consulté par Colbert sur les meilleurs moyens de protéger le commerce, laissa échapper ces paroles, devenues célèbres depuis. Mais il ne faut pas les détourner de leur acception véritable, ni se méprendre sur l'intention qui les dictait.

Que disait Quesnay? « Laissons faire tout ce qui n'est nuisible ni aux bonnes mœurs, ni à la liberté, ni à la propriété, ni à la sûreté de personne. Laissons vendre tout ce qu'on a pu faire sans délit. » Et il ajoutait: « Il n'y a que la liberté qui juge bien, et que la concurrence qui ne vende jamais trop cher, qui paie toujours au raisonnable et légitime prix. »

Qu'y a-t-il à reprendre dans ces paroles, et en quoi, compris ainsi, maintenu dans ses limites naturelles, le fameux *laissez faire* et *laissez passer* des physiocrates ne mériterait-il point encore aujourd'hui notre respect et notre confiance? Ne doit-il pas au contraire être conservé dans la mémoire reconnaissante des hommes, à côté de cette maxime que Quesnay parvint à faire imprimer à Versailles, de la main

____
(1) *Recherches sur les finances de France.*

même de Louis XV : *Pauvres paysans, pauvre royaume; pauvre royaume, pauvre souverain?*

Nous ne voulons pas multiplier les citations qui tendraient à démontrer que les économistes ont su parfaitement distinguer les bienfaits de cette liberté industrielle, qui laisse à l'intérêt privé tout son essor, et l'arrête seulement dans ses écarts, des dangers de cette anarchie qui tendrait à remplacer les rapports fondés sur l'avantage réciproque des contractans par la fraude et la violence. Il ne faut pas prêter à ses adversaires des idées absurdes, pour se donner le facile plaisir de les réfuter ; cela n'est pas de bonne guerre et cela ne mène à rien.

Notre organisation industrielle repose tout entière sur le principe de la liberté qui met en mouvement toutes les facultés humaines, mais qui n'exclut pas, qui provoque au contraire la protection vigilante du pouvoir, et l'action tantôt directe, tantôt indirecte, de son influence supérieure. Nous essaierons bientôt de déterminer le rôle de l'autorité dans le phénomène de la création des richesses, de l'appropriation des matières premières aux besoins de l'homme. La législation industrielle n'a pas d'autre mission ni d'autre but que de soumettre l'accomplissement du travail des citoyens à cette tutelle bienfaisante, qui prête à tous nos efforts une assistance féconde et qui maintient l'harmonie de tous les intérêts.

Favoriser l'impulsion de la nature dans toutes les directions, dans toutes les entreprises, écarter les obstacles qui pourraient s'y opposer, tel est surtout le devoir de l'État. Il est donc appelé à réprimer tout ce qui jette le trouble et le désordre dans les relations naturelles, tout ce qui empêche qu'elles ne portent leurs fruits. La mauvaise foi, la fraude, le vol, ne peuvent se couvrir du manteau de la liberté pour s'exercer à leur aise ; l'inaction du pouvoir vis-à-vis de ces atteintes portées à l'ordre régulier de la production et du trafic constituerait une sorte de complicité.

Le Code pénal n'est pas muet à l'encontre de ces infractions; le texte de l'article 423 semble même, au premier abord, pourvoir à tout; en voici les termes:

« Quiconque aura trompé l'acheteur sur le titre des matières d'or ou d'argent, sur la qualité d'une pierre fausse, vendue pour fine, *sur la nature de toutes marchandises;* quiconque, par usage de faux poids ou de fausses mesures, aura trompé sur la quantité des choses vendues, sera puni de l'emprisonnement pendant trois mois au moins, un an au plus, et d'une amende qui ne pourra excéder le quart des restitutions et dommages-intérêts, ni être au-dessous de 50 fr.

» Les objets du délit ou leur valeur, s'ils appartiennent encore au vendeur, seront confisqués, les faux poids et les fausses mesures seront aussi confisqués, et de plus seront brisés. »

La loi entend donc frapper toute tromperie sur *la nature des marchandises vendues*, elle embrasse dans ses prévisions toutes les simulations, toutes les fraudes, tous les abus. Mais le vague même et l'élasticité de cette disposition nuisent au résultat que le législateur a voulu atteindre; d'ailleurs les élémens de preuve manquent le plus souvent pour entraîner une condamnation méritée.

Il en serait autrement si le contrat entre le vendeur et l'acheteur était formé en vertu d'une *marque significative*, qui servirait de passeport au produit, qui en révélerait la composition intrinsèque, et qui garantirait le consommateur contre toute surprise. Alors le désaccord entre la *marque* et la nature de l'objet que celle-ci doit couvrir et signaler entraînerait forcément la punition du fabricant déloyal.

Il faut que l'acheteur qui ne possède pas l'expérience nécessaire pour discerner la qualité de l'objet vendu, ou qui ne

veut pas s'en rapporter à la garantie morale du marchand,
rencontre le moyen de se mettre à l'abri d'une surprise. Dans
ces cas, on doit lui fournir la faculté de demander des articles
accompagnés d'une *marque* qui entraîne une obligation effec-
tive de la part du vendeur ou du fabricant, et par conséquent
une responsabilité pénale. Dans les marchés débattus, si l'ac-
quéreur renonce à rechercher cette garantie légale, s'il s'en
rapporte à ses propres connaissances pour juger de la *nature*
de la marchandise, ou s'il suit la foi du vendeur, l'ancienne rè-
gle de droit *Caveat emptor*, qui éveille l'attention de l'acheteur
et qui l'avertit de prendre garde à ce qu'il fait, continuera de
recevoir son application. En un mot, que rien n'empêche de
fabriquer des produits *marqués* et non *marqués*, que les
marques soient, non pas obligatoires, mais simplement fa-
cultatives, cela suffit. Partout où l'application de la marque
sera possible, la *faculté* ne tardera pas à se changer en habitude, car les consommateurs seront assez prévoyans pour pré-
férer les objets mis sous la sauve garde de la loi aux objets
dépourvus de toute garantie. De cette manière, le régime
des *marques* contribuera puissamment à discipliner le marché,
à régulariser l'action de l'industrie libre.

Ce n'est pas que nous regardions le principe d'une *marque*
obligatoire comme contraire à la théorie de notre organisation
industrielle. Nous admettons à merveille qu'on dise, en thèse
générale : « Travaillez comme bon vous semble, vous êtes
libre, mais dites ce que vous faites ; mais marquez vos produits de signes distincts, qui avertissent le public du contenu
de la marchandise ; mêlez, si vous le jugez bon, du coton
à la laine, à la soie, mais qu'une estampille loyale mette
l'acheteur en garde contre toute méprise. » En d'autres
termes, il ne nous répugnerait en aucune façon d'admettre
le principe émis, avant la révolution, par un inspecteur gé-

.néral des manufactures : « Laissez faire, en assujétissant le
fabricant à marquer ses produits. » Ce qui nous arrête, ce
sont uniquement les embarras réels, les difficultés de l'exécution. Nous ne voyons pas un intérêt suffisant à les affron-
ter; la marque facultative répond, selon nous, à toutes les
exigences rationnelles; elle amènera, par voie de conséquence naturelle, sans contrainte, sans bouleversement, la
loyauté et la sincérité des transactions libres.

La législation des marques de fabrique, telle que nous la
possédons aujourd'hui, ne remplit que d'une manière im-
parfaite la grande mission qui devrait lui être confiée. Les
marques ont un triple but : elles sont appelées à garantir la
propriété du fabricant; à constater l'origine des produits fa-
briqués à l'intérieur, alors que l'importation des produits
similaires est prohibée; enfin, dans certains cas trop res-
treints, elles doivent indiquer la composition de la marchandise, et fournir aux consommateurs le moyen d'acheter de
confiance les objets dont ils ne peuvent pas par eux-mêmes apprécier la qualité.

Les marques *d'origine* sont une foit bonne chose sans
doute; elles donnent une sanction à la propriété industrielle;
la loi agit sagement en les couvrant d'une protection ferme et
vigilante; mais les marques *significatives* qui servent de
garantie à la bonne foi dans les négociations, nous sem-
blent avoir une tout autre importance; elles nous appa-
raissent comme le corrélatif indispensable de la liberté industrielle.

Cependant, la France possède à peine le germe de cette institution salutaire, qui se borne, comme on le voit, à changer
en une réalité d'application la lettre trop souvent morte de
l'article 423 du Code pénal. Le premier jour que nous avons
eu l'honneur de porter la parole dans cette enceinte, il y a

bientôt quatre ans, nous avons indiqué le parti que l'on pouvait tirer du régime des *marques* pour la régularisation du travail libre. L'examen de l'édit de 1779, sur les *étoffes réglées et non réglées*, nous a fourni depuis l'occasion de mieux préciser notre pensée à cet égard ; et nous devons le dire avec une vive satisfaction, ces idées ont gagné du terrain. Dans sa dernière session, le Conseil général des manufactures les a adoptées à l'unanimité ; il a même été plus loin, il a demandé que la *marque* fût rendue obligatoire pour tous les produits. Il est donc permis d'espérer que le commerce loyal, et la fabrication probe et sincère, seront bientôt dotés de cette précieuse garantie.

Dans tout État bien ordonné, il faut qu'on ait plus d'avantage à demeurer honnête homme qu'à devenir fripon. Le contraire se rencontre trop souvent aujourd'hui ; aussi est-il urgent qu'une bonne législation des marques fasse cesser les bénéfices de la supercherie et de l'improbité.

Pour y arriver, l'on doit veiller à ce que la marque *significative* devienne une chose sérieuse ; le fabricant qui l'applique doit être tenu à une étroite responsabilité : s'il l'emploie à tort, s'il en abuse, s'il en fait un instrument de déception, il se rend coupable de faux en écriture industrielle, il doit être puni en conséquence (1).

Nous ne prétendons pas en ce moment approfondir cette

(1) Nous savons à merveille que la législation des *marques* ne suffira pas à elle seule pour détruire toutes les fraudes qui sont dénoncées journellement au mépris et à la vindicte publique, elle ne peut protéger que la sincérité des produits livrés à la consommation ; quant aux fraudes qui so t commises dans l'exécution des travaux de commande, elles demandent d'autres mesures sur lesquelles nous reviendrons, car nous ne pouvons tout dire à la fois. Un honorable industriel, M. Leclaire, a énergiquement signalé les abus commis dans la peinture en bâtimens, la dorure, la teinture et la vitrerie, mais il a eu le tort de confondre l'absence des limites posées à la concurrence avec l'absence de répression d'une concurrence frauduleuse.

grave matière des *marques*, qui mérite de plus sérieuses investigations. Elle formera, avec l'étude de l'institution des conseils des prud'hommes, à laquelle elle se lie d'une manière intime, et avec l'exposition de la loi sur le travail des enfans dans les manufactures, le principal objet de notre cours de cette année, après que nous aurons présenté l'état de l'organisation industrielle de la France avant la révolution, et signalé les phases diverses par lesquelles le travail a passé sous le règne de Louis XVI, pendant la république, l'empire et la restauration. Tout ce que nous nous sommes proposé aujourd'hui, c'est d'indiquer une de ces créations qui sont parfaitement en harmonie avec le principe de la liberté du travail, créations destinées à maintenir l'ordre et la bonne foi dans les transactions, sans porter atteinte au développement des facultés humaines, ni à l'impulsion active que donne la liberté à la production.

Le contrôle facultatif des produits au moyen des *marques*, et l'exactitude de la dénomination des marchandises, rentrent entièrement dans la catégorie des mesures confiées déjà à l'autorité pour faciliter les relations commerciales et pour les ramener à un type uniforme. L'unité monétaire, le système des poids et mesures, ne portent pas atteinte au principe de la liberté industrielle ; le régime des *marques* ne le blesserait pas davantage. Si l'on déniait cet axiome, nous invoquerions deux autorités devant lesquelles les partisans de la liberté doivent s'incliner : Adam Smith et J.-B. Say.

Adam Smith, ce vaste et puissant génie, ce digne émule de Turgot, qui a réhabilité le *travail* comme force productive, qui a montré les immenses résultats de la division des occupations et les avantages de la liberté des échanges, a plus fait que personne pour l'émancipation des classes laborieuses et pour la transformation des rapports entre les peuples.

On tombe dans une grave erreur quand, pour faire le procès à l'économie politique, on attribue à la doctrine de Smith la situation de l'Angleterre; celle-ci a glorifié la liberté des échanges, mais elle a maintenu les lois prohibitives; elle a fabriqué des théories économiques, comme des marchandises, pour l'exportation. Aussi le châtiment a-t-il suivi de près cette faute, nous dirons presque ce crime. Le hideux cortége du paupérisme accompagne le char du triomphateur, la misère exerce d'effroyables ravages, en présence d'une production qui déborde; pourquoi? Parce que la nature se venge toujours de la violence qu'on lui fait subir, parce que, en négligeant les avertissemens de la science économique, qui n'est autre chose que l'exposition des lois naturelles de la production et de la consommation, l'Angleterre s'est condamnée à tourner dans un cercle vicieux.

On ne saurait, sans une flagrante injustice, rendre Adam Smith responsable de ces funestes erreurs. Ses idées pénètrent les esprits les plus prévenus, et le triomphe de la vérité n'est plus qu'une question de date. Déjà, en 1810, au moment où la puissance de l'empereur avait atteint son apogée, un écrivain allemand, sans se laisser éblouir par cette pompe resplendissante, disait : « Il est un monarque aussi puissant que Napoléon ; c'est Adam Smith. » Marwitz aurait pu ajouter que le règne de Smith devait être le plus durable, car c'était le règne de la pensée.

Pardonnez-nous ces rapides paroles, que le nom d'Adam Smith nous a entraîné à prononcer. La législation industrielle, comme l'économie politique, le reconnaissent pour un des maîtres les plus vénérés; les hommages de tous ceux qui ont à cœur la dignité des travailleurs, de tous ceux qui croient à la solidarité du genre humain, lui appartiennent à juste titre.

Adam Smith, en combattant le régime odieux et oppressif

des corporations, des maîtrises, des règlemens. a-t-il jamais
posé en principe que la liberté de la production se suffisait à
elle-même; qu'affranchie du joug du système préventif, elle
devait exclure toute idée de garantie, de contrôle, qu'il fal-
lait laisser aller les choses à leur cours, sans s'en inquiéter
en aucune façon? Nullement: cette sorte de fatalisme en économie politique, si commode à mettre en avant par ceux qui
obéissent à une certaine paresse d'intelligence, et qui veulent
se dispenser de rien faire, Adam Smith ne l'a jamais professé.
Nous venons de nous occuper du régime des *marques*, envisagé
comme moyen de garantie pour le consommateur; un passage
curieux des *Recherches sur la nature et les causes de la richesse des nations* prouve que Smith approuvait ce moyen de
contrôle, cette étiquette légale apposée aux produits. En combattant, dans le chapitre **X** du livre Ier: *Des salaires et profits*,
l'exploitation accoutumée des ouvriers dans les corporations,
qui créent, sous le nom d'apprentissage, un véritable état
de servitude, il s'exprime ainsi (1) :

« Ce n'est pas l'institution de longs apprentissages qui
pourra vous garantir qu'on n'exposera pas très-souvent en
vente des ouvrages défectueux. Quand on en produit de ce
genre, c'est, en général, l'effet de la fraude et non du man-
que d'habileté, et les plus longs apprentissages ne sont pas des
préservatifs contre la fraude. *Pour prévenir cet abus, il faut
avoir recours à des règlemens d'une tout autre nature. La
marque sterling sur la vaisselle, ou l'empreinte sur les draps
et sur les toiles, donne aux acheteurs une garantie beaucoup
plus sûre que tous les statuts d'apprentissage possibles.*
Aussi fait-on en général attention à ces *marques*, quand
on achète, tandis qu'on ne songe guère à s'informer si

(1) Édition de Guillaumin, t. 1, p. 161.

l'ouvrier a rempli ou non ses sept années d'apprentissage. »

Certes, on ne saurait rencontrer une consécration plus forte ni plus explicite des principes que nous avons essayé d'exposer devant vous. Le véritable préservatif contre la fraude, c'est le système des *marques* : il n'affecte en rien la liberté de la production, il lui laisse tout son essor, toute son activité, mais il constitue une mesure efficace de *police* sociale. L'un des plus *illustres* fondateurs de la science économique vient de nous l'enseigner.

Son digne élève, **J.-B. Say**, émet une opinion analogue dans le *Cours complet d'économie politique* (4e partie), ch. X (1).

« Les certificats donnés par l'autorité publique sont, dit-il, de même utiles quand ils ne sont pas obligatoires, parce qu'on est assuré dès lors que les frais et les embarras qu'ils occasionent au producteur ne surpassent pas le service qu'il en retire. Si je fabrique du drap dans une ville renommée pour ce genre de fabrication, il peut me convenir de réclamer le timbre de la ville ; alors la ville doit pouvoir s'assurer de la bonté de la fabrication et refuser sa marque aux marchandises qui ne rempliraient pas les conditions exigées ; mais elle ne peut pas, avec justice, rendre ces conditions obligatoires ; elle ne peut pas forcer tous les fabricans de la même ville à s'y conformer.

» Le fabricant qui imiterait un certificat d'origine, qui prendrait le nom d'un manufacturier accrédité, ou même décorerait son produit du nom d'une ville en réputation, se forgerait à lui-même un faux certificat et devrait être puni par des lois qui seraient bien faites et bien exécutées. »

J.-B. Say suppose, comme on le voit, un examen préalable de la part de l'autorité, une *visite* analogue à celle qui se pra-

(1) Édition de Guillaumin, t. 1, p. 560.

tiquait sous l'ancienne monarchie. Il est donc étranger aux scrupules étroits qu'on a le tort de lui imputer, en ce qui concerne l'intervention de l'autorité dans l'œuvre de la production; il veut seulement que le pouvoir intervienne pour protéger, et non pas pour contraindre.

Ici encore, le contrôle préventif, alors qu'il ne serait pas obligatoire, alors qu'il se bornerait à constituer une simple *faculté* offerte au producteur, qui aurait à consulter son intérêt privé pour en faire usage ou y renoncer, ce contrôle cadre à merveille avec l'organisation moderne de l'industrie. La dépense, les formalités, les embarras d'une pareille organisation, que ne compenseraient sans doute point les avantages qu'elle offrirait au commerce intérieur, motivent seuls l'opinion qui nous porte à ne pas admettre cette création, alors qu'à nos yeux le régime des *marques* mène au même but par une voie plus simple et plus directe (1).

(1) Dans un mémoire manuscrit daté du 27 avril 1750, et adressé à M. Trudaine père, nous avons trouvé le passage suivant, qui montre assez de quelle manière les hommes qui connaissaient les vices de notre ancienne organisation industrielle entendaient réaliser leurs plans de réforme :

« Il faut distinguer les statuts des commissions d'avec les règlemens de »police, concernant les gens de métier. Les premiers ne sont faits que pour »créer des communautés, régler leur police intérieure et limiter le privilége »exclusif que le roi leur donne. Les seconds sont des lois sagement établies »pour la police extérieure et pour mettre l'acheteur ignorant, mais de bonne »foi, à l'abri des friponneries et des malversations d'un vendeur intelligent, »mais de mauvaise foi.

»Les premiers paraissent plus odieux qu'utiles. Le roi seul a droit de les »accorder, et ils ne doivent l'être que dans le cas d'une espèce de nécessité, »puisqu'ils paraissent aussi contraires au commerce qu'au droit public.

« Les seconds sont de toute justice, de toute nécessité et ont toujours été »laissés entre les mains des magistrats inférieurs ou supérieurs auxquels »l'exercice de la police a été confié. La connaissance particulière des abus qui »se glissent tous les jours, jointe aux circonstances locales, peut donner lieu à »ces ordonnances ou règlemens de police particuliers qu'il est de l'intérêt public de faire exécuter; ce sont proprement des règlemens de police, tant »généraux que particuliers, que l'empereur Charles-Quint et autres comtes

Nous n'avons parlé jusqu'ici que du commerce intérieur ; les relations avec le dehors, le trafic d'exportation, méritent un examen à part auquel nous nous livrerons dans notre prochaine leçon. Qu'il nous suffise de dire maintenant qu'il existe une institution, admirable par sa simplicité, féconde par ses résultats, qui réalise par une pratique journalière l'idée du contrôle facultatif de l'autorité : cette institution, c'est la *condition des soies*. Intermédiaire libre entre le vendeur et l'acheteur, elle ramène toutes les soies qui lui sont confiées au même degré de dessiccation ; elle empêche qu'on ne fasse payer de l'eau pour de la matière première, alors que le poids de celle-ci augmente ou diminue suivant qu'elle est plus ou moins empreinte d'humidité. Personne n'est forcé de porter ses soies à la *condition ;* les conventions directes entre le producteur et le consommateur ne sont nullement entravées, et cependant tout ce commerce, si considérable, se fait par l'entremise du bureau de garantie. Tel est le type remarquable qui peut fournir d'utiles enseignemens, car il montre l'action irrésistible d'une simple faculté, créée au profit de tous, pour assurer un trafic loyal et sincère.

Nous avons commmencé par dire qu'on avait mal à propos confondu une question de production avec une question de police. L'action de la police, qu'il ne faut pas concentrer dans les attributions politiques de ce pouvoir, l'action de la police doit s'exercer surtout avec vigilance sur l'approvisionnement des substances alimentaires. Ce principe a été soigneusement main-

» d'Artois et de Flandres ont laissés à la prudence des mayeurs et échevins
» de changer, augmenter, diminuer et même supprimer suivant l'exigence
» des cas, se réservant, disent les lettres-patentes, la connaissance des diffi-
» cultés ultérieures, ce qui ne peut s'entendre que des difficultés concernant
» l'érection et la suppression de la communauté. »

Une surveillance tutélaire devait donc être maintenue, après la suppression des entraves qui gênaient la marche de la production.

tenu dans nos lois, qui confient l'exercice de la surveillance à l'autorité municipale. La question des matières alimentaires nous occupera après que nous aurons examiné les mesures spéciales qu'il conviendrait d'adopter pour le commerce d'exportation.

L'organisation industrielle de la France présente déjà un vaste ensemble de mesures destinées à protéger, à garantir, à encourager, et, dans certains cas, à restreindre l'œuvre de la production. Le gouvernement, modérateur suprême, n'a pas été mis en dehors de l'action sociale ; il intervient constamment, soit par des moyens d'influence, soit par des moyens de discipline et de garantie ; il crée les institutions auxiliaires, qui sont le complément indispensable de la liberté du travail ; il ne se borne pas à une action indirecte, il manifeste souvent son existence par des créations nombreuses et fécondes. Quand on dit que le travail n'est pas organisé chez nous, qu'il faut se mettre en quête d'une organisation du travail, on se trompe ; le travail est organisé en principe, il l'est en vue de la liberté, en respectant tous les droits, en faisant appel à toutes les forces productives ; et il ne s'agit maintenant que d'améliorer et d'étendre les règles admises. Telle est la conviction qu'inspire l'étude du cadre dans lequel sont appelées à se mouvoir les règles destinées à régir l'industrie, à améliorer la position du travailleur. Sans doute, ce cadre n'est encore qu'ébauché ; sans doute, on peut y signaler des lacunes fâcheuses, mais c'est de le remplir que nous devons tous nous occuper ; là est l'avenir de la société.

Un grand mouvement se manifeste aujourd'hui dans le monde ; en l'examinant de près on arrive à cette conviction, que la base de l'ancienne politique est changée. Ce ne sont plus les œuvres guerrières qui provoquent l'enthousiasme des peuples et éveillent leur espoir. Allez au fond des questions qui s'agitent, et vous verrez que la principale œuvre de notre époque, c'est d'affranchir les masses de tous les genres de servitude.

La France reste à son rang dans l'accomplissement de cette grande révolution pacifique ; elle porte toujours avec elle les espérances du monde. Elle a établi par ses lois l'équité dans la famille et l'égalité dans l'État ; elle travaille depuis tantôt un siècle à la solution du plus grand problème qui se soit offert à l'esprit de l'homme, à l'émancipation des classes laborieuses. Elle ne conserve son ascendant moral sur les nations que parce que celles-ci ont conscience de sa mission et de sa destinée.

Tout conspire pour conserver à la France cette influence supérieure, sa langue, son génie, ses lois, ses institutions ; sa langue claire, précise, féconde en chefs-d'œuvre, a succédé au latin pour devenir le lien commun des nations; ses lois, magnifique formule des conquêtes de la révolution, promenées par toute l'Europe dans le char victorieux de Napoléon, ont fait germer partout les idées de justice et règnent encore sur les contrées d'où la puissance de nos armes s'est retirée ; son génie expansif, civilisateur, désintéressé, s'impose par la puissance de la raison ; ses institutions enfin, grâce à l'esprit d'unité et de centralisation, donnent un caractère inconnu de force et de grandeur à toutes les créations, et font agir comme un seul homme la nation tout entière.

La mission actuelle de la France, c'est l'amélioration du sort des classes laborieuses des villes et des campagnes, par la diffusion de la propriété, la liberté de l'industrie, aidée du puissant levier de l'association, par l'instruction et par cette moralité qui naît de l'esprit de prévoyance et de la sécurité dans l'avenir.

Les institutions destinées à régulariser le travail libre sont ncomplètes, les essais d'association limités, l'instruction professionnelle presque nulle, les établissemens de prévoyance laissent beaucoup à désirer ; et cependant une sorte d'instinct universel avertit le monde que c'est de la France que doit venir un ordre de choses meilleur pour la destinée des masses. La raison de ce phénomène, la voici : la révolution ne peut se manifester que graduellement dans le domaine des faits, mais elle est accomplie chez nous dans le domaine des idées, dans la conscience publique. Les institutions sont incomplètes, mais la sympathie qu'inspire la position des travailleurs est générale et profonde , et notre organisation industrielle fournit la base nécessaire pour asseoir d'une manière solide l'amélioration du sort moral et matériel de tous les citoyens, amélioration qui se développera par une voie régulière, sous l'empire de la liberté.

La législation industrielle est destinée à formuler en dispositions pratiques les enseignemens de la science qui apprend comment se forment , se distribuent et se consomment les richesses. C'est elle qui est appelée à régulariser le libre exercice des facultés productives au moyen d'institutions variées, qui sont le complément obligé de l'affranchissement du travail. Ces institutions, nous devons en poursuivre ensemble l'étude ; ne vous étonnez donc pas, messieurs, si j'éprouve une sorte d'effroi en mesurant cette vaste carrière. J'aurai besoin pour la parcourir de toute votre indulgence, heureux si au bout de mes travaux je parviens à vous faire partager la conviction qui m'a animé et qui me porte à dire : plus on étudie les résultats de la liberté, plus on en apprécie la grandeur et la fécondité, plus on s'y rattache par les liens d'une pieuse reconnaissance.

L. WOLOWSKI.